しあわせを味わう

# 京のうちごはん

大原千鶴

Taste this Happiness
Home Recipes
in Kyoto



PHP

京都しあわせ倶楽部

ほんのり京都を感じられる、
しあわせごはん

「京のうちごはん」ってなんやろなぁ、って皆さん思たはりますでしょ。
普通は「おばんざい」やろって。
京都の人はおばんざいってあんまり言わへんのです。普通に「おかず」。
日本はありがたいことに縦長で四季があって自然が豊かで、
どの地方にもおいしいもんがたくさんあるしあわせな国です。
おいしいもんを求める探究心が旺盛で研究熱心な人が
たくさんいてくれはるおかげもあるとは思いますが、
アメリカやったらひとつの州くらいの大きさやのに、
場所によってほんまにいろんなおいしいもんがあります。
私は昔から郷土料理が好きで（父の影響です）、
京都のお料理は、やっぱり京都ならではのもんがあると思います。
お料理屋さんのとても美しい京料理もありますが、
私は簡単に作れて体にスッとなじむ家のごはんが大好き。それが京のうちごはん。
お料理屋さんは家では揃えられへん材料と、手間と時間と空間演出を楽しむところ。
うちごはんは明日も元気に生きるために食べるもん。
家族が明日をよりよく生きられるようなごはんを毎日整えたい。
でも女の人は忙しい。だから合理的でおいしく、
ほんのり京都を感じられるうちごはんを集めました。
作りやすい京都のしあわせを味わってみてください。

大原千鶴

# 目次

## 第3章 京の「晩ごはん」

京のすき焼き……54
鶏肉の梅干し煮……56
白菜ととろろ昆布と豚肉の炊いたん……58
ピーマンそぼろ……59
さばのしょうが煮……60
野菜の天ぷら……62
ぶり大根……64
ぐじうろこ揚げ焼き……66
いか豆腐……68
けいらん豆腐……69
じゃがいもとれんこんの木の芽和え……70
揚げかぼちゃとさつまいものみりんじょうゆ……71
なすのフライ……72
キャベツとわけぎの酢みそ和え……74
新じゃがの漬け物炒め……75
●調味料としても使える食材たち……76

## 第4章 京の「ハレの日ごはん」

ばらずし……78
お花見弁当……80
たいの笹ずし……82
さばずし……84
白みそ雑煮……86
●「三」の法則で美しく盛りつける……88

## 第5章 京の「ごはんのおとも」

しじみのしぐれ煮……90
あらめの炊いたん……92
セロリの葉の佃煮……93
昆布の炊いたん……94
ちりめん山椒……96
大根の辛子漬け……97
たけのこのおかか煮……98
●「あしらい」で料理を引き立てる……100

## 第6章 京の「お酒のおとも」

とい湯葉の素揚げ……102
へしこおろし……104
ミモレット大根……105
生麩のバター焼き……106
ピリ辛こんにゃく……108
ゆでじゃがドレッシング……109
しば漬けチーズボール……110

※計量の単位は、大さじ１=15mℓ、小さじ１=5mℓ、
ひとつまみ=親指・人差し指・中指でつまんだ量、米１合=計量カップ180mℓ。
フライパンはフッ素樹脂加工のものを使用しています。

# おいしいごはんの炊き方

和食の基本は、おいしいごはん。土鍋で炊くと、ごはんの粒が立って、おこげの香ばしさは格別です。

1

2

## 米の洗い方

①米はざるに入れて、ボウルに入れたたっぷりの水で洗う。このとき、ごしごしこすらず、ザッと手で混ぜ返すようにすること↓写真1参照。

②ざるをあげて、水をきり、新しい水をたっぷり入れたボウルでふたたびザッと洗う。

③これをあと1回繰り返す。このとき、水が濁っていても大丈夫。濁りはでんぷん質で、旨みの元になるので洗いすぎは禁物。

④水からあげて、ざるのまま30分間おいて吸水させる。長くおく場合は、濡れ布巾をかけるなどして、乾燥しすぎ（割れの原因になる）を防ぐ。

## 炊き方①——土鍋で炊く場合

洗った米を土鍋に入れ、米の1・3倍の量の水を入れてふたをして中火にかけ、沸いたらふたを取って菜箸で底に張りついた米をはがしてから（土鍋にごはんがくっつきにくくなる）↓写真2参照、ふたを戻しギリギリ吹きこぼれない程度の弱火にして10分間炊く。

## 炊き方②——厚手の鍋で炊く場合

基本は、土鍋と同じに炊く。水の量は米の1・2倍にする。沸くまでの時間は土鍋より早くなる。

### 炊き上がりの好み

アルデンテ（煮えばな）で楽しみたいときは、すぐに食べる。普通に食べるときは火を止めてさらに10分間蒸らす。蒸らしたら、すぐにザックリしゃもじで混ぜる↓写真3参照。

### おこげの作り方

おこげを楽しみたいときは、炊いているときの最後30秒間を強火にする。

3

# 本格派「きっちりおだし」の取り方

おだしは和食のベースです。
本格的におだしをとって、気合いの入ったお吸い物に。

①鍋に水1ℓを入れ、利尻昆布を3時間以上浸けておく。中火にかけ、気泡が出てきたら昆布を取り出し、いったん沸かしてアクを取る。

②①に水50㎖を加えて温度を少し下げ、本《ほん》枯節《かれぶし》の薄削りかつお（血合い抜き）6gをふわっと入れて弱火にし、やさしく菜箸でひと混ぜする。

③ふたたび沸騰してきたら、沸騰直前で火を止め、30秒後にこす。

※こすときに削り節を絞るとえぐみが出てしまうので、絞らないことがポイントです。

# 「簡単おだし」2種の取り方

手軽にできる「水出し」タイプのおだし。普段はこちらで十分です。自家製だしパックを使ったおだしと、昆布だけのおだしを紹介します。

## 普段のおだし

冷水ポット（2ℓ用）に、だし昆布5g、自家製だしパック（だしじゃこ5g、さばや宗田《そうだ》かつおなどが入った混合の削り節15g）を入れる。ポットいっぱいに水を加え、冷蔵庫で一晩おく。

※おみそ汁や、おかずのおだしに使います。

## 昆布のおだし

冷水ポット（1ℓ用）に、だし昆布5gを入れ、ポットいっぱいに水を加え、冷蔵庫で3時間以上おく。

※潮汁やてっちり、豚しゃぶなど、かつおの味が邪魔になる料理、お雑煮などに向いています。

# 基本の調味料の選び方

自分好みの調味料を見つけたら、安易にそれを変えんこと。
それが自分の味になります。

京都というと「白みそ」のイメージが強いようですが、実際に白みそを常備しているおうちは、むしろ少ないのではないでしょうか。

ただ、不思議なことに、京都人が使う調味料は「濃口しょうゆはキッコーマン、薄口しょうゆはヒガシマル、みりんはタカラ本みりん、酢は千鳥酢」というのが常道です。私もご多分に漏れず、このメーカーを愛用しています。

ほかには、ミネラルが豊富な「瀬戸のほんじお」、あまり精製されていない「きび砂糖」、素直な風味の「マルサンのこうじみそ」、柑橘類の香りとだしが効いた「旭ポンズ」を使っています。

スーパーに行くと、まあいろんな調味料が並んでいますが、あまり目移りせずに、使いなれた調味料を使ったほうが、料理の塩梅《あんばい》も決めやすいと思います。

料理は調味料の比率によって、味が決まります。とかく時間がないときは、調味料を計量せずに入れてしまい、味が濃くなってしまいがちです。いったん、こうなってしまうと、後で味の調整が利かなくなります。

特に、何種類かの調味料を合わせるときには、しっかり黄金比率を守って料理をするのが、おいしく仕上げるポイントです。

合わせ調味料さえあれば、魚や肉を用意するだけで、照り焼きやしょうが焼きはすぐにテーブルに並べられますし、ゆで野菜につけみそを添えるだけで、野菜料理が一品できます。また、炊きたてのごはんにすし酢を混ぜるだけで、わが家の味のすし飯も、アッという間に用意できます。

料理は段取りが8割といわれています。時間の余裕があるときに、お気に入りの器に、調味料をきちんと計って、合わせ調味料を作っておきましょう。

## 大原流　3つの合わせ調味料

慣れんうちは調味料を合わせておくのも、便利な方法です。

●みりんじょうゆ（照り焼きだれ）
みりん2：薄口しょうゆ1
●すし酢
米酢10：砂糖6：塩1弱
●つけみそ
こうじみそ5：白すりごま2：ごま油1：水1

# 豆腐は料理によって使い分ける

お豆腐もいろいろ。
京都ではこんな豆腐をよう使うてます。

京都では豆腐をよくいただきます。町の中には昔ながらの豆腐屋さんも多いですし、豆腐料理を出す宿坊やお店もたくさんあります。京都人にとって、豆腐のない生活は考えられないのではないでしょうか。名水がある京都は、豆腐もおいしいです。

豆腐は大きく分けて3種類あって、それぞれに特徴があるので、料理によって使い分けています。

### 木綿豆腐

布目の模様がついた、硬めの豆腐で、水分量もやや少なめです。ひろうす（がんもどき）や煮物などによく使います。

### 絹ごし豆腐

京都の絹ごし豆腐には、縞模様がついています。水分量が多い、柔らかい豆腐で、そのまま食べることが多いです。豆腐屋さんによっては、ゆず味のものもあります。

### 白豆腐、京豆腐

柔らかさも味も、木綿豆腐と絹ごし豆腐の中間にある豆腐です。普段はこれをよく使っています。

木綿豆腐

絹ごし豆腐

白豆腐、京豆腐

# 豆腐の水きりの仕方

料理の前のひと手間が、仕上がりの味を決めます。料理に合わせた水きり加減をしてください。

1

2

おつゆ以外に豆腐を料理するときには、お料理に合わせた水きりが大切です。豆腐は9割前後も水分があるので、そのまま使うと水っぽい料理になってしまい、味も入りにくくなるからです。水きりのひと手間だけで、豆腐料理が驚くほどおいしくなります。

### やんわり水をきりたいとき

キッチンペーパーで包むだけでも、十分に水がきれます。バットを斜めに置くと、水がきれやすいです➡写真1参照。

### しっかり水をきりたいとき

キッチンペーパーで包んでから、重石（砂糖や塩の袋が便利）をして➡写真2参照、豆腐が半分の厚さになるまでおきます。

# 京都人は、おだしの効いた野菜料理が好き

京都人は住まいにも、衣類にも、食事にも季節を取りこむことが大好きです。

夏暑く冬が寒い京都の盆地独特の気候のせいでしょうか。

暑い夏を少しでも涼しく過ごせるように襖を葦戸に替えたり、お座布団のカバーを麻に替えたり。

お食事でも、年中いつ何を食べるという決まりごとがたくさんあり、
それをこなしていくことで、日常がメリハリを持ちながらもよどみなく進んで行く。

ほんまにうまいことできています。

そんな中で、ときどき私は思うんです。京都のお料理ってなんやろなぁ、って。

皆さん「おばんざい」とか「懐石」を連想なさると思うのですが、私はずばり野菜料理だと思います。

野菜をおいしく食べるために少しのお肉やお魚の力を借りて、おだしの効いたしみじみした味を愉しむ、
そんなのが京都人の好きなお料理やないかなって思います。

そのお料理の中にはいつも季節が感じられる工夫があって、
たとえば高野豆腐の炊いたんなんかは時知らずで年中ありますよね。

でも、上にのせるあしらいが、春なら木の芽、
夏なら冷やした高野豆腐に青柚子の皮をおろしたんをかけて。

冬になれば黄柚子の皮を千切りにして添えますと、

「あぁ、もうこんな季節なんやなぁ」と感じることができます。

あと禅宗の影響でしょうか、ものには命があり、

野菜の葉一枚であってもそのものの命を粗末にすることなく大切に料理する。

命を活かしきる始末の利いた料理をすることが喜びだと京都の人は思うてます。

お金があってもそこを愉しめないと本当の豊かさとはいえない。そんな風に感じるんです。

それで、お人さんがそんな風に生きてはるのを見て「ケチ」やとは思わへんのです。

「えらいなぁ」「すてきやなぁ」と思うんですね。京都人って面白いでしょ。

# 大根と里いもの皮のむき方

根菜類を料理するときには、皮をむくという作業があります。にんじんやじゃがいも、れんこんなどはピーラーでむいてもいいのですが、大根と里いもは、包丁でむいています。

大根は冬になると皮が硬くなるので、少し厚めにむくといいでしょう。むいた皮は捨てないで、漬け物にするとパリパリしておいしいですよ。

里いもは両端を切り落とし、向かい合わせに六方に、厚めに皮をむきます。料理に合わせて、ぬめりを取ることも忘れずに。里いもの皮をむくと手がかゆくなる人もいますが、タワシなどで水洗いして、よく乾かしてからむくと、かゆくならないんです。

冬になると、根菜類がおいしくなります。コトコトと煮ていると、おいしい匂いが家中に広がって……。アツアツのうちに、家族みんなで食べるとき、しあわせを感じます。

第1章

# 京の「朝ごはん」

# 和の基本ごはん

炊きたてごはんと、煮えばなおつゆ。
あとは簡単に。

## ごはん

材料・作り方（p.6参照）…… 茶碗2杯分

## おみそ汁

**材料（2人分）**

油揚げ …… 1/8枚（20g）
豆腐 …… 1/4丁
だし …… 300mℓ
青ねぎ …… 適量
みそ …… 大さじ1 1/2（25g）

［メモ］京都の油揚げは大きめで、1枚160gくらいあります。

**作り方**

1 油揚げは1cm幅の短冊に切り、豆腐は3cm角に切る。青ねぎは斜め薄切りにする。
2 鍋にだし、1の油揚げを入れて火にかけ、沸いたら1の豆腐と青ねぎを加え、弱火にしてみそを溶き入れる。煮えばなを、器に盛る。

## 焼き塩鮭

**材料（2人分）**

塩鮭（中塩）…… 2切れ

**作り方**

1 フライパンにオーブンシートを敷き、塩鮭を入れる。ふたをして弱火で両面をこんがりと焼き、器に盛る。

## にんじん菜とキャベツ炒め

**材料（2人分）**

キャベツ …… 1/4個（200g）
にんじん菜 …… 10g
ごま油（白）※ …… 小さじ1
塩 …… 小さじ1/4

※なければサラダ油でもいいです。

**作り方**

1 キャベツはひと口大に切り、にんじん菜は3cmの長さに切る。
2 フライパンを中火にかけてごま油をひき、1のキャベツを入れてしんなりするまで炒め、1のにんじん菜と塩を加えてサッと炒め、器に盛る。

［メモ］炒めている途中で、キャベツに油がまわりにくければ、お湯を少し加えて炒めるのがコツです。

# 和の簡単ごはん

作りおいた副菜があれば、「ぶぶ漬け」でも満足ごはんに。

## お茶漬け

**材料（2人分）**

ごはん …… 茶碗2杯分
ぶぶあられ …… 適量
お茶 …… 適量

**作り方**

1　器にごはん（p.6参照）を盛り、ぶぶあられをのせる。
2　急須にお茶を入れて添える。

---

## ちりめん山椒《さんしょう》

材料・作り方（p.96参照）…… 適量

---

## 浅漬け

**材料（2人分）**

浅漬けの素
- だし …… 100mℓ
- 薄口しょうゆ …… 大さじ1/2
- 砂糖 …… 小さじ1
- 塩 …… 小さじ1
- 米酢 …… 大さじ1 1/2

きゅうり …… 大1本（180g）
セロリ …… 130g
青じそ …… 3枚

**作り方**

1　浅漬けの素の材料（米酢以外）を、小鍋に入れて火にかけて沸かし、火からおろして粗熱が取れたら、米酢を加える。
2　きゅうりは5㎜幅の斜め切り、セロリは5㎜幅の薄切りにし、青じそは細切りにする。
3　保存袋に1の浅漬けの素と2の野菜類を入れて軽くもむ。野菜が少ししんなりしたら、空気を抜いて保存袋の口を閉じ、冷蔵庫で一晩おき、器に盛る。

メモ　ちりめん山椒は時間のあるときに作り、浅漬けは前の晩に仕込んでおけば、朝は盛りつけるだけです。

# あんかけがゆ

おだしの効いた「あん」がアクセントに。心も体もほっこり温まります。

**材料（2人分）**

洗い米 …… 1/2合

あん

- だし …… 50mℓ
- みりん …… 小さじ1
- 薄口しょうゆ …… 小さじ1
- 水溶き片栗粉（片栗粉小さじ1を、水小さじ2で溶く）

青じそ、梅干し …… 各適量

**作り方**

1. 鍋に米と水（600mℓ/分量外）を入れ、ふたを斜めにして強火にかけ、沸いたら菜箸で鍋底をこすって米粒をはがす。ふたたびふたを斜めにして弱火にし、米が対流するような吹きこぼれない程度の火加減で、注意しながら20分間炊いたら火を止め、ふたをして10分間蒸らす。
2. 小鍋にだしを入れて沸かし、みりん、薄口しょうゆを加えてひと煮立ちさせ、水溶き片栗粉でとろみをつけ、あんを作る。
3. 器に1のおかゆを盛って2のあんをかけ、千切りにした青じそと梅干しをのせる。

# 鶏がゆ

滋味深く、食べごたえのあるおかゆです。

**材料（2人分）**

洗い米 …… 1/2合
鶏もも肉 …… 1/2枚（150g）
塩 …… 小さじ1/2
卵※ …… 2個
青ねぎ、粉とうがらし …… 各適量

※卵は常温に戻しておきます。

**作り方**

1 フライパンに鶏もも肉を皮目を下にして入れ、皮目だけこんがり焼く。
2 鍋に米と水（600ml/分量外）を入れ、ふたを斜めにして強火にかけ、沸いたら菜箸で鍋底をこすって米粒をはがす。そこへ1の鶏肉を皮目を上にしてのせ、ふたを斜めにして弱火で20分間炊き、火を止め、鶏肉をいったん取り出す。
3 2の鍋に塩を加えておかゆをひと混ぜし、卵を割り入れ、ふたをせずに3分間おく。
4 食べる直前に、鶏肉を食べやすく切り、3のおかゆとともに器に盛り、小口切りにした青ねぎをのせ、粉とうがらしをふる。

# パンの朝ごはん

トマトはすりおろすだけ。
木の芽を加えたオムレツはさわやかな味わい。

## おろしトマト

**材料（2人分）**

トマト …… 中1個（200g）
塩 …… 適宜

**作り方**

1 トマトは皮つきのままおろしがねですりおろし、好みで塩を加える。

## トースト

**材料（2人分）**

食パン（8枚切り）
…… 4枚
バター …… 適量

**作り方**

1 食パンはトースターで焼き、バターを塗る。

## 木の芽オムレツ

**材料（2人分）**

木の芽 …… 5〜6枚
卵 …… 3個
塩 …… ふたつまみ
ごま油（白）
…… 大さじ1
木の芽（飾り用）
…… 2枚
リーフレタス …… 適量
赤玉ねぎ …… 適量

**作り方**

1 木の芽は包丁で細かく刻む。
2 ボウルに卵を割り入れ、1の木の芽と塩を加えて溶きほぐす。
3 フライパンを中火にかけて半量のごま油をひき、2の溶き卵を半量流し込む。菜箸でかき混ぜながら、中が半熟になるように形を整える。器に盛り、飾り用の木の芽をのせる。残りの半量も同じように焼く。ひと口大にちぎったリーフレタスと、薄切りにした赤玉ねぎを添える。

## ベーコン

**材料（2人分）**

ベーコン …… 4枚

**作り方**

1 フライパンを中火にかけてベーコンを入れ、両面をカリッと焼く。

# ハム辛子サンド

厚切りのハムをはさむだけ。辛子を効かせれば、大人の味になります。

**材料（2人分）**

食パン（8枚切り）…… 4枚
サラダ油 …… 小さじ1/2
厚めのハム …… 2枚
練り辛子 …… 適量
バター …… 適量
スプラウト …… 適量

**作り方**

1. 食パンの耳を切り落とし、トーストする。フライパンを中火にかけてサラダ油をひき、ハムを入れて軽く両面を焼く。
2. 1の食パンに練り辛子、バターを塗り、1のハムをはさみ、食べやすく切る。
3. 器に盛り、スプラウトと練り辛子を添える。

# 野菜と卵のオープンサンド

たっぷり野菜が摂れる食べごたえのあるサンド。

**材料（2〜3人分）**

ミニトマト …… 8個
ブロッコリー …… 1/4株（80g）
卵 …… 2個
塩 …… ふたつまみ
サラダ油 …… 大さじ1/2
バゲット …… 1/2本
にんにく（香りづけ用）
…… 1片
練り辛子 …… 適量
マヨネーズ …… 適量

※写真は1人分です。

**作り方**

1 ミニトマトはタテ半分に切る。ブロッコリーは小房に切り分け、ゆでてざるにあげる。

2 ボウルに卵を割り入れ、塩を加えて溶きほぐす。

3 フライパンを中火にかけてサラダ油をひき、1のミニトマトをサッと炒める。1のブロッコリーを加え、2をまわし入れ、フライパンをゆすりながら卵が半熟になるまで火を通す。

4 2㎝幅に切ったバゲットに、にんにくの断面をこすりつける。3をのせ、練り辛子を混ぜたマヨネーズをのせる。

# 京都人は<br>パン好きが多い!?

京都といえば「和食」のイメージが強いのですが、意外にもパンの消費量は、日本一といわれています。私の場合、わざわざ遠くのパン屋さんにまで買いに行ったりはしませんが、歩いてすぐのところに何軒もおいしいパン屋さんがあり、パン工場からいつもいい匂いが漂っています。

いまはパンの種類がとても豊富ですが、普段はやっぱり食パンを買うことが多いですね。京都の人たちは、個性的で硬いパンよりも、どちらかというと、柔らかくて甘めのやさしいパンが好みなようです。

わが家の朝食は基本的には和食ですが、ゆったりした週末はパン食になることが多いです。というのは、日曜日の朝ごはんは小学生の娘が担当してくれているからで、毎週、創作意欲にみちたパンメニューが出てきます。サンドイッチもありますが、女子好みのフルーツやジャムがたっぷりのったフレンチトーストなどもあり、ちょっとしたお楽しみになっています。

第2章

# 京の「昼ごはん」

# 親子どんぶり

卵はふんわり半熟に。
天かすでコクを加えます。

材料（2人分）

鶏もも肉 …… 約1/4枚（80g）
新玉ねぎ …… 50g
九条ねぎ（青ねぎでも可）
…… 1/4本（30g）

A
- だし …… 150mℓ
- みりん …… 大さじ2
- 薄口しょうゆ …… 小さじ2

天かす（揚げ玉）…… 大さじ2
ミニトマト …… 6個
溶き卵 …… 2個分
ごはん …… 茶碗2杯分
粉山椒《こなざんしょう》 …… 適宜

作り方

1 鶏もも肉はひと口大のそぎ切りにする。新玉ねぎはタテ半分に切ってから1㎝幅に切る。九条ねぎは斜め薄切りにする。

2 鍋に1の新玉ねぎとAを入れ、中火にかける。沸いたら1の鶏肉を加えて、鶏肉に火を通す。

3 1の九条ねぎと天かすとミニトマトを加えて、すぐに溶き卵をまわし入れ、鍋をゆすりつつ全体をふんわり半熟に仕上げる。

4 器にごはんを盛り、3をのせ、好みで粉山椒をふる。

# 新玉ねぎと鶏肉と麩の炊いたん

新玉ねぎと焼き麩に、
鶏肉の旨みが染み込んでいます。

**材料（2人分）**

鶏もも肉 …… 1/3枚（100g）
新玉ねぎ …… 小2個（300g）
焼き麩 …… 20g
絹さや …… 4枚
だし …… 300mℓ
薄口しょうゆ …… 小さじ2
片栗粉 …… 小さじ2

**作り方**

1 鶏もも肉はひと口大のそぎ切りにする。新玉ねぎはタテ半分に切る。焼き麩は水に浸して戻し、しっかり絞る。
2 絹さやはヘタを取り、塩（適量/分量外）を入れ、熱湯でサッとゆでてざるにあげる。
3 鍋に1の新玉ねぎを入れ、だしを加えて中火にかけ、沸いたら薄口しょうゆを加え、10分ほどコトコトと煮る。
4 3の鍋に1の焼き麩を加え、1の鶏肉に片栗粉を薄くまぶして1枚ずつ加え、さらに3分ほど煮て、鶏肉に火を通す。
5 器に盛り、2の絹さやを添える。

メモ　普通の玉ねぎでもおいしくできます。その場合は、煮る時間を少し長めにしてください。

# じゃがいもと牛肉とせりの炒め物

じゃがいものシャキッとした食感を活かし、塩こしょうのみでシンプルに。

材料（2人分）

牛もも薄切り肉（焼肉用）
…… 120g

牛肉の下味
- 塩 …… 小さじ1/6
- こしょう …… 少々
- ごま油 …… 小さじ1/2
- 片栗粉 …… 小さじ1

ごま油 …… 小さじ1
じゃがいも …… 1個（150g）
塩 …… 小さじ1/4
せり …… 1/2束（70g）
黒粒こしょう …… 5粒

作り方

1 牛もも肉に牛肉の下味をまぶし、もんで馴染ませる。フライパンを中火にかけてごま油をひき、牛肉を両面焼きつけて火を通し、いったん取り出す。

2 じゃがいもはスライサーで薄切りにし、水に取ってさらし、水気をきる。

3 1のフライパンに2のじゃがいもを入れて炒め、透明感が出たら塩を加え、1の牛肉を戻し入れ、4㎝の長さに切ったせりを加えてザッと混ぜる。

4 器に盛り、黒粒こしょうをつぶしてかける。

メモ 黒粒こしょうは、瓶や鍋の底を使ってつぶします。

# カリフラワーと豚肉のサッと煮

煮物にもなるカリフラワー。鍋ひとつでできるおかずです。

**材料（2人分）**

カリフラワー …… $\frac{1}{2}$株
（正味200g）
だし …… 150mℓ
A
- 薄口しょうゆ …… 小さじ2
- みりん …… 大さじ1
- 塩 …… 小さじ$\frac{1}{4}$

豚肩ロース薄切り肉
…… 120g
みつば …… 適量

**作り方**

1. カリフラワーは小房に切り分け、小鍋にだしとともに入れ、中火にかけて沸いたらAを加え、さらに沸いたら火を弱めてふたをし、10分間蒸し煮にする。
2. カリフラワーを取り出し、豚肩ロース肉をひと口大に切って入れ、豚肉に火を通す。カリフラワーとともに器に盛り、みつばをのせる。

# いわしの薬味煮

にんにくと、しょうがを効かせて。
じっくり煮れば、骨まで柔らかくなります。

**材料（2～3人分）**

いわし …… 10尾
塩 …… 小さじ1
だし昆布（10㎝角）
　…… 1枚
おろしにんにく、
　おろししょうが …… 各5g
酒 …… 50㎖
白ねぎの青い部分 …… 1本分
砂糖、濃口しょうゆ
　…… 各大さじ1
青じそ …… 2枚

**作り方**

1 いわしは下処理し（下記参照）、水でサッと洗ってキッチンペーパーで水気をふき取る。塩をふり、冷蔵庫で30分以上おく。塩を洗い流して、水気をふく。
2 だし昆布は、水（200㎖/分量外）に浸け、柔らかくする。浸けた水は取っておく。
3 鍋に2のだし昆布を敷き、1のいわしを並べ入れ、2の昆布を浸けた水、おろしにんにく、おろししょうが、酒、白ねぎの青い部分、砂糖、濃口しょうゆを入れて火にかける。沸いたらアクを取り、落としぶたをして弱火で2時間煮る。
4 煮汁がほぼなくなり、3のいわしが骨まで柔らかくなったら、器に青じそを敷いて盛り、3の昆布を取り出して結んで添える。

メモ　新鮮ないわしが手に入ったとき、一度にたくさん作っておけば、冷蔵庫で1週間保存できます。

## いわしの下処理

1 まな板の上に新聞紙を広げる。いわしの頭を、包丁で切り落とす。

2 腹を三角に切り落とす。

3 包丁の先でワタを取り除く。

# さばの塩焼き

自家製の塩さばは、
驚くほどのおいしさ。

材料（2人分）

生さば …… 半身
塩 …… 大さじ1
大根おろし …… 適量
すだち …… 1/2個

作り方

1 生さばに塩をまんべんなくふり、皮目を上にしてざるにのせ、冷蔵庫でラップをせずに一晩おく。

2 1のさばをサッと洗ってキッチンペーパーで水気をふき取る。半分に切って皮に十字の切り目を入れ、魚焼きグリルでこんがりと焼く。

3 器にさばを盛り、大根おろし、半分に切って種を除いたすだちを添える。

メモ　さばはラップをかけずに冷蔵庫で一晩おいておくと、皮がパリッと焼けます。

## さばを三枚におろす

1 包丁の先でうろこをはずす。両側の胸ビレから斜めに切り込みを入れ、頭を落とす。

2 腹を切り開き、包丁の先でワタをかき出し、流水で洗い流す。

3 背のほうから、骨の上に包丁を入れる。

4 腹のほうから、骨の上に包丁を入れる。

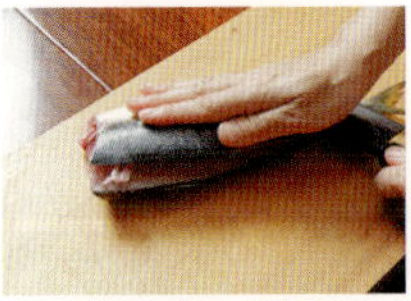
5 中骨の上に包丁をあて、頭から尾の手前まで包丁を滑らせ、身を切り離す。

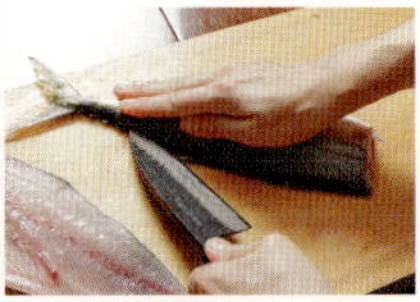
6 背と腹の両方から、中骨まで切り込みを入れる。

7 中骨を切り離す。

8 三枚おろしの完成。

# ますのみそ漬け

お魚の旨みを、
上品な甘さの白みそが引き立てます。

**材料（2人分）**

ます（切り身）…… 2切れ
塩 …… 小さじ$\frac{1}{2}$
白みそ …… 200g
みりん …… 大さじ2
木の芽 …… 5～6枚

**作り方**

1 ますの切り身の両面に塩をふり、10分ほどおいてキッチンペーパーで水気をふく。
2 ボウルに白みそとみりんを入れてよく混ぜ、保存容器の底に薄く塗り、ガーゼを敷き、1のますを並べ入れ、またガーゼをのせて、残りのみそを上にのせて平らにならす。冷蔵庫で3～7日ほど休ませる。
3 2のますを取り出し、魚焼きグリルでこげないように注意して、こんがりと焼く。
4 器にますを盛り、ハケにみりん（適量/分量外）を含ませ、照りを軽くつける。仕上げに、包丁で粗く刻んだ木の芽を散らす。

［メモ］京都では春によくますをいただきますが、さわら、鮭、たらなどでもおいしくできます。

# あじのきずし

京都では「魚の酢漬け」のことを、「きずし」といいます。

**材料（2人分）**

あじ …… 1尾
塩 …… 小さじ1

**漬け酢**
- 米酢 …… 50㎖
- 砂糖 …… 大さじ1
- 薄口しょうゆ …… 大さじ$\frac{1}{2}$

大根、青じそ、
　みょうが …… 各適量
おろししょうが …… 適量

**作り方**

1. あじは三枚におろして（p.38参照）腹骨をすき、塩をまぶして、冷蔵庫で1時間ほど休ませる。その後、水でサッと洗い、キッチンペーパーで水気をふき取り、小骨を抜く。
2. 保存袋にあじと漬け酢を入れ、冷蔵庫で3〜5時間ほどおいて締める。あじの身の表面がまんべんなく白っぽくなるように、ときどき上下を返す。
3. あじを漬け酢からあげ、キッチンペーパーでしっかり汁気をふき取り、頭のほうから皮をひき、薄切りにする。
4. 大根、青じそ、みょうがは千切りにして水に取り、水気をきる。
5. 器に4の大根、青じそ、みょうがを敷き、3のあじを盛る。漬け酢を少しまわしかけ、おろししょうがをのせる。

メモ　新鮮なあじが手に入ったら、多めに作っておきましょう。冷蔵庫で3日間保存できます。

# さわらのトマト南蛮

揚げたさわらは、熱いうちに漬け酢と和えると、味がじんわり染み込みます。

### 材料（2人分）

トマト …… 大1個（250g）
玉ねぎ …… 小1/2個（100g）

漬け酢

- すし酢、だし …… 各大さじ2
- 薄口しょうゆ …… 小さじ1
- 鷹の爪（輪切り）…… 少々

さわら（切り身）…… 2切れ（200g）
塩 …… 小さじ1/4
片栗粉 …… 小さじ2
サラダ油 …… 適量

### 作り方

1. トマトは湯むきし、大きめのざく切りにして、種を取る。
2. 玉ねぎはスライサーで薄切りにして水にさらし、ざるにあげて水気をきる。フライパンでサッと空炒りし、ボウルに漬け酢、1のトマトとともに入れておく。
3. さわらは塩をまぶして10分ほどおき、キッチンペーパーで水気をふき取り、2等分に切り分けて、片栗粉を薄くつけ、180℃のサラダ油で揚げる。
4. 2のボウルに、3のさわらを加えて軽く混ぜ、冷めるまでしばらくおき、器に盛る。

# 甘湯葉丼

京都人は実山椒《みざんしょう》が大好き。
京もんの取り合わせの妙です。

**材料（2人分）**

平湯葉 …… 30g

A

- だし、酒、砂糖、
  濃口しょうゆ …… 各大さじ1
- 下処理した実山椒 …… 大さじ1　※p.96参照

ごはん …… 茶碗2杯分

**作り方**

1. 平湯葉は水に浸して戻し、食べやすい大きさに切る。
2. フライパンにAを入れ、沸いたら1の湯葉を加え、混ぜながらサッと煮る。
3. 湯葉がうっすらと色づいたら火を止め、ごはんを盛った器にのせる。

# 肉豆腐

牛肉と豆腐の甘辛味は、
ごはんがすすむ定番おかずです。

**材料（2人分）**

牛こま切れ肉 …… 120g

A

- だし、酒 …… 各50㎖
- 砂糖、濃口しょうゆ …… 各大さじ1 ½

焼き豆腐 …… ½丁

青ねぎ …… 適量

**作り方**

1 鍋にAを入れて火にかけ、沸いたら牛こま切れ肉を入れる。

2 1の牛肉の色が変わったら、豆腐を2等分にして並べ入れ、煮汁が半量ぐらいになるまで煮る。

3 2を器に盛り、小口切りにした青ねぎを添える。

# 干しいちじくとブロッコリーの白和え

いちじくの甘みが、とろりと濃厚な和え衣によく合います。

**材料（2人分）**

ブロッコリー …… 1/4株（60g）
干しいちじく …… 50g
白和え衣
- 絹ごし豆腐（しっかり水気をきっておく）…… 1/4丁 ※p.13参照
- 練りごま（白）…… 大さじ1/2
- 塩 …… 小さじ1/4
- 砂糖 …… 大さじ1/2

**作り方**

1. ブロッコリーは小房に切り分け、塩（少々/分量外）を入れた湯でゆで、ざるにあげる。
2. 干しいちじくは湯に浸けて柔らかくし、食べやすい大きさにちぎる。
3. 白和え衣の材料をフードプロセッサーに入れ、なめらかにする。1のブロッコリーと2の干しいちじくを加えて和え、器に盛る。

# きゅうりと油揚げのごま酢和え

きゅうりと油揚げの食感の違いを、楽しんでください。

**材料（2人分）**

きゅうり …… 1本
塩 …… 小さじ1/2
油揚げ …… 1/8枚（20g）
白ごま …… 大さじ2
だし …… 大さじ1

**甘酢**

米酢 …… 大さじ1
砂糖 …… 大さじ1/2
塩 …… ひとつまみ

**作り方**

1 きゅうりはスライサーで薄切りにし、塩でもんで10分ほどおき、水でサッと洗って絞る。
2 フライパンを中火にかけ、油揚げを入れてカリッと両面を焼き、半分の長さに切り、さらに1cm幅に切る。
3 フライパンに白ごまを入れて軽く炒り、すり鉢でする。
4 3のすり鉢に、だし、甘酢を加え、1のきゅうりと2の油揚げを加えて和え、器に盛る。

メモ 油揚げの代わりに、はも皮を使って作ることもできます。

# 青豆類のおひたし

だしと、薄口しょうゆに浸すだけ。
いろいろな豆の味が楽しめます。

**材料（2人分）**

枝豆（さやつき）…… 40g
スナップえんどう …… 4本
モロッコいんげん …… 3本
だし …… 100mℓ
薄口しょうゆ …… 大さじ1

**作り方**

1 枝豆は塩（適量/分量外）でもんでから熱湯で4～5分間ゆでて、さやから豆を出し薄皮をむく。スナップえんどうは筋を取り、モロッコいんげんは4等分に切って、熱湯で1分ほどゆで、ざるにあげる。

2 ボウルに、だしと薄口しょうゆを入れ、1の豆類を加えて30分以上浸し、器に盛る。

メモ 青豆類なら、どんな豆（正味100g）を使っても、おいしく仕上がります。

# 小松菜のくるみ和え

くるみを炒ることで、風味が豊かに。
作りたてがおいしい一品です。

**材料（2人分）**

小松菜 …… 1/2把
くるみ …… 35g
だし、薄口しょうゆ …… 各大さじ1

**作り方**

1 小松菜は熱湯でサッとゆで、水に取る。3㎝の長さに切り、ギュッと水気を絞る。
2 フライパンを中火にかけ、くるみを入れて軽く炒る。一部をトッピング用に粗みじん切りにし、残りは細かくみじん切りにしてすり鉢でする。
3 2のすり鉢に、だし、薄口しょうゆを加え、1の小松菜を加えて和える。器に盛り、2のトッピング用のくるみをのせる。

## 「湯ぶり」をする

魚を煮るときは、調理をする前に「湯ぶり」をすると、魚臭さが抜けておいしく仕上がります。私はいつも「湯ぶり」といっていますが、「湯引き」「霜降り」ともいわれています。

魚を焼いたり揚げたりするときには、湯ぶりの必要はありませんが、煮るときには魚の脂や血合いが臭みの原因となりますので、必ず湯ぶりをしてください。

湯ぶりの方法は簡単。ざるに魚を入れて、表面の色が少し白っぽくなるまで熱湯をかけるだけです。これで、余分な臭みが取れて、すっきりした味の煮魚ができます。

鍋に湯を沸かして、サッと湯通しする方法もありますが、さばやカレイなどの切り身は、湯ぶりで十分ではないかと思います。

このひと手間さえ加えれば、魚を焼いたり揚げたりするよりも、煮るほうがはるかに簡単かもしれませんね。あとは調味料の配合を覚えれば、おうちでもおいしい煮魚を手軽に作ることができます。

# 第3章

# 京の「晩ごはん」

# 京のすき焼き

万願寺とうがらしとトマトを使えば、
すき焼きも「夏色」に変わります。

**材料（2人分）**

トマト …… 中1個（200g）
万願寺とうがらし …… 100g（正味）
牛脂 …… 適量
牛もも薄切り肉（すき焼き用）…… 200g
A
［濃口しょうゆ、砂糖 …… 各大さじ2
木の芽 …… 適宜

**作り方**

1　トマトは湯むきをし、8等分に切る。万願寺とうがらしはタテ半分に切って種を取り、食べやすい大きさに切る。

2　鉄鍋を中火にかけ、牛脂をひいて馴染ませてから牛もも肉を広げて入れ、Aを半量（各大さじ1ずつ）加え、牛肉の色が変わるまで煮る。

3　1の万願寺とうがらしを加え、残りの半量のA（各大さじ1ずつ）を加え、万願寺とうがらしが柔らかくなるまで2分ほど煮る。

4　1のトマトを加え、トマトの表面が少し柔らかくなったら火を止め、好みで木の芽を飾る。

＊京の味

**野菜たっぷりで、旬のすき焼きに!?**

夏のおばんざいには、よく万願寺とうがらしが登場します。香りがよくて、ピーマンのような苦味がないので、和食にはとてもよく合います。わが家のすき焼きは、おいしいお肉を少しと、季節の野菜をたっぷり入れます。そうすれば、すき焼きだって、旬の味わいになりますよ。

# 鶏肉の梅干し煮

梅干し効果で、鶏肉の旨みが増して、
しっとりとした仕上がりに。

**材料（2人分）**

鶏もも肉 …… 1枚（300g）
梅干し …… 大1個
A
- 酒 …… 50mℓ
- みりんじょうゆ（照り焼きだれ）…… 大さじ4 ※p.11参照

白髪ねぎ、スプラウト※ …… 各適量

※かいわれ大根でもいいです。

**作り方**

1 フライパンに水（50mℓ/分量外）とA、種を取った梅干しを入れ、中火にかける。沸いたら鶏もも肉を加え、ふたをして火を少し弱めて5分間煮て、鶏肉を裏返し、さらに5分間煮る。

2 1の鶏肉に火が通ったらふたを取り、煮汁がほぼなくなるまでフライパンをゆすりながら、ときどき鶏肉の上下を返して煮詰める。

3 2の鶏肉を取り出し、3分ほど休ませてから、1cmほどの厚さに切る。2の梅干しとともに器に盛り、白髪ねぎとスプラウトをのせる。

メモ 白髪ねぎの作り方＝白ねぎのまわりの白い部分を繊維にそって千切りにし、水にさらして、水気をきります。

# 白菜ととろろ昆布と豚肉の炊いたん

「とろろ昆布」使いで、白菜の味絡みがよくなります。

**材料（2人分）**

白菜 …… 外葉3枚（200g）
塩 …… 小さじ1/2
豚ロース薄切り肉
　（しょうが焼き用）…… 100g
だし …… 100mℓ
薄口しょうゆ …… 小さじ1
とろろ昆布 …… 10g
ゆず果汁 …… 大さじ1
粉とうがらし …… 適量

**作り方**

1 白菜は2㎝幅に切り、ボウルに入れて塩を加えてもみ、10分ほどおいてサッと洗い、水気を絞る。豚ロース肉は1㎝幅に切る。
2 鍋にだしと薄口しょうゆを入れて中火にかけ、沸いたら1の豚肉を加え、肉の色が変わったら1の白菜を加えて炒りつけ、白菜が少ししんなりしたら火を止める。とろろ昆布、ゆず果汁を加えてザッと混ぜて器に盛り、粉とうがらしをふる。

# ピーマンそぼろ

みそ味で、思わずごはんがすすむおいしさです。

**材料（作りやすい分量）**

ピーマン（緑）
…… 3個（約100g）
ピーマン（赤）
…… 1個（約30g）
玉ねぎ …… 小1/3個（50g）
ごま油 …… 小さじ1
牛ひき肉 …… 130g
塩 …… ふたつまみ
こしょう …… 少々
おろしにんにく、おろししょうが
…… 各小さじ1/2

**みそベース**

- 赤みそ …… 大さじ2
- 濃口しょうゆ …… 大さじ1
- みりん、砂糖 …… 各大さじ1

炒り黒ごま …… 大さじ1

**作り方**

1 ピーマン（緑・赤）はタテ半分に切って種とヘタを取り、ヨコ5㎜幅の薄切りにする。玉ねぎは粗みじん切りにする。

2 フライパンを中火にかけてごま油をひき、牛ひき肉を入れて塩とこしょうをふり、1の玉ねぎ、おろしにんにく、おろししょうがを加え、肉の色が変わるまで炒める。

3 1のピーマンを加え、ピーマンがしんなりしたら、みそベースを加える。全体が馴染んで汁気がなくなるまで炒め、黒ごまを入れて混ぜ、器に盛る。

# さばのしょうが煮

みそ煮より簡単で、
あっさりした味わいです。

**材料（2人分）**

生さば（切り身）…… 2切れ
白ねぎ …… 1本
しょうが …… ½片（10g）
A
- 酒 …… 50mℓ
- 濃口しょうゆ …… 大さじ1
- 砂糖 …… 大さじ1

**作り方**

1. 生さばは皮に十字に切り目を入れ、ざるに入れ、湯ぶりをする（p.52参照）。
2. 白ねぎは3㎝の長さに切り、しょうがは薄切りにする。
3. 鍋にAと2のしょうがを入れて中火にかけ、沸いたら1のさばを皮目を上にして並べ入れ、2のねぎを加える。
4. 落としぶたをし、強めの弱火で煮汁が常に沸き上がっている状態で10分間煮て、器に盛る。

# 野菜の天ぷら

家にある野菜に、衣をつけて揚げるだけ。
天つゆは、きちんと手作りします。

**材料（2人分）**

天つゆ

- だし …… 100mℓ
- みりん …… 小さじ1
- 薄口しょうゆ …… 小さじ2

さつまいも …… 80g
にんじん …… 40g
れんこん …… 50g
さやいんげん …… 4本（20g）
小麦粉（下粉用）…… 適量
衣 …… 小麦粉60gを、水150mℓで軽く溶く
サラダ油 …… 適量
大根おろし …… 適量

**作り方**

1 小鍋に天つゆの材料を入れ、ひと煮立ちさせ、火を止めて粗熱を取る。

2 さつまいもは1㎝幅に、にんじんは7㎜幅に、れんこんは7㎜幅に切る。

3 2の野菜とさやいんげんに小麦粉を薄くつけ、衣にくぐらせ、170℃のサラダ油でカラッと揚げる。器に盛り、1の天つゆと大根おろしを添える。

メモ　さやいんげんは、ヘタだけを取って、そのまま使います。

# ぶり大根

ぶりは焼いてから煮るのがポイント。
魚臭さが取れ、味も絡みやすくなります。

**材料（2人分）**

大根 …… 厚さ8㎝（400g）
だし …… 300㎖
砂糖 …… 大さじ2
濃口しょうゆ …… 大さじ2
ぶり（切り身）…… 2切れ
ごま油（白）…… 小さじ1
ゆずの皮 …… 少々

**作り方**

1 大根は4㎝幅に切って皮をむき（p.16参照）、面取りし、竹ぐしがスッと通るまでゆでる（あれば米を洗ったときの汁でゆでる）。

2 鍋にだしと、水気を取った1の大根を入れて火にかけ、沸いたら砂糖、濃口しょうゆを加え、ふたをして25分ほどコトコトと弱火で煮含め、そのままおく。

3 ぶりは両面に塩（適量/分量外）をふり、10分間おき、水気をキッチンペーパーでふき取ってから、表面に薄く小麦粉（適量/分量外）をつける。フライパンを中火にかけてごま油をひき、ぶりを入れたらふたをして両面を火が通るまで焼く。

4 2の鍋に3のぶりを加え、中火にかけて5分ほど、ぶりと大根が馴染んで煮汁が濁るまで煮る。器に盛り、ゆずの皮を千切りにしてのせる。

# ぐじうろこ揚げ焼き

「甘鯛」のことを、京都では「ぐじ」といいます。
うろこの揚げ焼きは、パリパリして香ばしい味です。

**材料（2人分）**

ひと汐《しお》ぐじ（甘鯛）…… 半身（骨のないほう）
サラダ油 …… 適量
片栗粉 …… 少々
レモン …… 適量

**作り方**

1 ぐじは頭と尾を落とし、尾のほうから包丁でうろこごと皮をひき、皮は食べやすい大きさに切る。身は小骨を抜いて食べやすい大きさに切る。

2 フライパンを弱火にかけて鍋底から1㎝ほどにサラダ油を入れ、油が冷たいうちに1のぐじの皮をうろこ側から並べ入れ、揚げ焼きにする。1のぐじの身に片栗粉を薄くつけ、皮を揚げた残りの油でカラッと揚げ焼きにする。

3 器に盛り、レモンをくし形切りにして添える。

＊京の味

**皮やうろこもぜひ味わって**

ぐじは、京を代表する魚。上品な甘さがあって、料理店でも重宝されています。身が柔らかい魚なので、お店で売っているものは、ほとんどがひと汐されたものです。そのまま焼いてもおいしいのですが、皮やうろこもおいしいので、いいぐじが手に入ったら、ぜひこんな風に揚げ焼きにしてみてください。

# いか豆腐

いかは硬くならないように、煮すぎないことがポイントです。

**材料（2人分）**

絹ごし豆腐 …… ½丁
しょうが …… 10g
いか …… ½杯

A
酒 …… 50mℓ
みりんじょうゆ（照り焼きだれ）
…… 大さじ4　※p.11参照

細ねぎ …… 適量

**作り方**

1 豆腐は水きりをし（p.13参照）、4等分に切る。
2 しょうがは千切り、いかは丸のまま1㎝幅の輪切りにする。
3 鍋にAと2のしょうがを入れて中火にかけ、沸いたら2のいかと1の豆腐を重ならないように並べ入れ、中火のまま煮る。豆腐に色がついてきたら裏返し、いかも全体が煮えるように混ぜ、そのまま煮汁が半分くらいになるまで煮詰める。
4 器に盛り、細ねぎを小口切りにしてのせる。

メモ するめいかを使うときは、硬くなりやすいので、豆腐が煮えてから加えてもよいでしょう。

# けいらん豆腐

豆腐が主役のあんかけおつゆ。
体の芯まで温まります。

**材料（2人分）**

だし …… 300mℓ
薄口しょうゆ …… 小さじ2
絹ごし豆腐 …… 1/2丁
水溶き片栗粉（片栗粉小さじ1を、水小さじ2で溶く）
溶き卵 …… 1個分
おろししょうが …… 適量
みつば（茎の部分）…… 適量

**作り方**

1 鍋にだしを入れて中火にかけ、沸いたら薄口しょうゆを加え、スプーンで豆腐をすくい入れて中火のまま1分ほど煮る。
2 水溶き片栗粉でとろみをつけ、溶き卵を流し入れ、ザッと混ぜて火を止める。
3 器に盛り、おろししょうがと、ゆでて2㎝の長さに切ったみつばを入れる。

# じゃがいもとれんこんの木の芽和え

ほっくり煮たじゃがいもと、シャキッとしたれんこんを組み合わせました。

### 材料（2人分）

じゃがいも …… 1個（150g）
塩 …… 1つまみ
砂糖 …… 小さじ½
れんこん …… 30g
米酢 …… 少々

木の芽みそ
- 木の芽 …… ひとつかみ
- 白みそ …… 大さじ3

木の芽（飾り用）…… 適量

### 作り方

1 じゃがいもは皮をむき2cm角に切る。小鍋にじゃがいもと水（100mℓ/分量外）、塩、砂糖を入れ、ふたをして弱めの中火にかけ、じゃがいもがほっくりと煮え、煮汁がほぼなくなるまで煮る。

2 れんこんはスライサーで薄切りにする。別の鍋にれんこんがかぶるくらいの水（分量外）と米酢を入れ、沸いたら1分ほどゆで、ざるにあげる。

3 木の芽はすり鉢ですり、白みそを入れてよく混ぜ、木の芽みそを作る。1のじゃがいもと2のれんこんを加えて和え、器に盛り、飾り用の木の芽を散らす。

# 揚げかぼちゃとさつまいものみりんじょうゆ

彩りがきれいで、味もしっかり。お弁当にも重宝します。

**材料（2人分）**

かぼちゃ …… 1/8個（200g）
さつまいも …… 1/2本（200g）
サラダ油 …… 適量
みりんじょうゆ（照り焼きだれ）
…… 大さじ1 1/2 ※p.11参照

**作り方**

1 かぼちゃとさつまいもはひと口大に切り、面取りをする。さつまいもは水に浸け、水気をキッチンペーパーでふき取る。
2 フライパンに1のかぼちゃとさつまいもを入れて、ひたひたになるまでサラダ油を加え、弱火にかける。少しずつ温度を上げながら、野菜に火を通す。最後に180℃にしてカラッと揚げる。
3 別のフライパンに、みりんじょうゆを入れて火にかけ、沸いたら2を加えてザッと絡め、器に盛る。

# なすのフライ

揚げたてをほおばれば、外はカリッ、中はとろり。

**材料（2人分）**

なす …… 2本
小麦粉 …… 適量
溶き卵 …… 1個分
パン粉 …… 適量
サラダ油 …… 適量
ソース …… 適量

**作り方**

1 なすはヘタを取り、皮を全部むいて乱切りにする。水に取って10分間おき、水気をキッチンペーパーでふき取る。
2 1のなすに小麦粉、溶き卵、パン粉を順につけて、170℃のサラダ油で揚げる。
3 器に盛り、好みのソースを添える。

＊京の味

**料理法によって、なすの種類を選ぶ**

京のなすといえば、賀茂なすが有名です。コロンとした丸い形で、濃厚なおいしさ。田楽や揚げだしにすることが多いですね。でも、フライにするときには、普通のなすを選びます。皮をむいて料理すると火の通りが早くて、見た目もひすい色できれいですよ。

# キャベツとわけぎの酢みそ和え

酢みその配合を覚えておくと、いろいろな野菜に応用できます。

**材料（2人分）**

キャベツ …… 1/5個（150g）
わけぎ …… 2〜3本（40g）

**酢みそ**

- 白みそ …… 大さじ3（60g）
- 練り辛子 …… 小さじ1/2
- 米酢 …… 大さじ1/2
- 砂糖 …… 大さじ1/2

**作り方**

1. キャベツは食べやすくちぎり、熱湯でサッとゆでてざるにあげる。冷めたらギュッと水気を絞る。
2. わけぎは熱湯でサッとゆで、冷めたら軽く絞り、4cmの長さに切る。
3. ボウルに酢みその材料を合わせて混ぜ、1のキャベツと2のわけぎを加えてよく和え、器に盛る。

# 新じゃがの漬け物炒め

漬け物を入れると、味にグッと深みが出ます。

**材料（2人分）**

新じゃがいも …… 1個（150g）
すぐきの漬け物 …… 30g（葉っぱも）
ごま油 …… 小さじ1
薄口しょうゆ …… 小さじ1
糸かつお …… 少々

**作り方**

1 新じゃがいもはスライサーで薄切りにしてから千切りにし、水に取って水気をきる。
2 すぐきの漬け物は粗みじん切りにする。
3 フライパンを中火にかけてごま油をひき、1のじゃがいもを入れて炒め、薄口しょうゆを加える。2のすぐきを加えて、サッと炒める。
4 器に盛り、糸かつおをのせる。

## 調味料としても使える食材たち

漬け物や梅干し、とろろ昆布などは、「塩味、酸味、旨み」が豊富で、調味料代わりにも使えて便利ですよ。なんかひと味足りないなと思うときに、ちょっと加えるだけで、味が決まります。

**すぐきの漬け物**…ほのかな酸味と、独特な食感があります。粗みじん切りにして、じゃがいもと合わせるだけで、京風の味わいになります。

**梅干し**……いわしの梅煮だけではなく、鶏肉の煮物などにも使うと、梅干しの酸味に肉を柔らかくする効果があり、おいしく仕上がります。

**しば漬け**……粗みじん切りにして、クリームチーズと合わせれば、洋風な一品に。

**とろろ昆布**……あっさりした野菜の煮物に、少し加えるだけで、旨みが増します。

淡白な味の食材と合わせれば、味に奥行きが出ますし、いろいろな食材と組み合わせれば、新しい味の発見につながります。

第4章

# 京の「ハレの日ごはん」

# ばらずし

すし飯と具は温かいうちに合わせると、味がしっくり馴染みます。

**材料（作りやすい分量）**

**【すし飯】**

米 …… 2合
だし昆布 …… 5cm角
すし酢
- 米酢 …… 60mℓ
- 砂糖 …… 大さじ2 1/2弱
- 塩 …… 小さじ1

**作り方**

1 米は洗ってざるにあげ、昆布と水（400mℓ/分量外）を入れて炊く。
2 すし酢の材料を合わせ、砂糖が溶けるまで混ぜる。
3 飯台に1のごはんをあけ、2のすし酢をふり入れて飯台をまわしながら全体に行き渡るように混ぜる。乾かないように固く絞った濡れ布巾をかける。

**【具】**

干ししいたけ …… 2枚
かんぴょう …… 7g
干ししいたけの戻し汁 …… 100mℓ
酒 …… 大さじ1
砂糖、濃口しょうゆ …… 各大さじ2

1 干ししいたけは水に浸して戻し、軸を切り落として4等分に切る。戻し汁は取っておく。
2 かんぴょうはサッと洗い、たっぷりの塩（適量/分量外）で表面に傷をつけるようにしながらもみ、弾力が出たら塩を洗い流し、柔らかくなるまでゆでてざく切りにする。フードプロセッサーに入れて粗みじん切りにし、1の干ししいたけを加えて合わせ、みじん切りにする。
3 小鍋に1のしいたけの戻し汁、2のかんぴょうとしいたけ、酒、砂糖を入れ、中火で5分間煮る。濃口しょうゆを加えて10〜15分間、煮汁がなくなるまで煮て火を止め、そのまま冷ます。

**【錦糸卵】**

卵 …… 2個
塩 …… 少々
サラダ油 …… 適量

1 ボウルに卵を割りほぐし、塩を入れてよく混ぜ、卵液を作る。
2 フライパンを中火にかけてサラダ油をひき、1の卵液をお玉1杯分ずつ入れて薄く焼き、薄焼き卵を作る。
3 2が冷めてから重ねて丸め、細切りにする。

**【仕上げ】**

紅しょうが（千切り）…… 適量
絹さや（ゆでて斜め千切り）…… 適量
木の芽 …… 3枚

1 すし飯に汁気をきった具を入れて混ぜる。器に盛り、錦糸卵をのせ、紅しょうがと絹さや、木の芽をあしらう。

## だしまき

**材料（作りやすい分量）**

卵 …… 2個

A

- だし …… 70mℓ
- 薄口しょうゆ …… 小さじ1
- 片栗粉 …… 大さじ1/2

サラダ油 …… 適量

**作り方**

1 ボウルに卵を割り入れ、卵白を切るように溶き、Aを合わせたものを加えて混ぜる。ざるなどでこし、卵液を作る。

2 卵焼き器にサラダ油を薄くひき、1の卵液を混ぜて、ひと巻き分を流し入れる。

3 全体に卵液が行き渡り、火が通ったら端からくるくると巻いていく。

4 2～3の作業を繰り返し、でき上がったら巻きすに取って形を整え、ひと口大に切り、器に盛る。

---

## 鶏の照り焼き

**材料（作りやすい分量）**

鶏もも肉 …… 1枚（300g）

ししとう …… 4本

みりん …… 50mℓ

薄口しょうゆ …… 25mℓ

**作り方**

1 鶏もも肉は余分な脂と、はみ出た皮を切り落とし、軽く塩、こしょう（ともに適量/分量外）をふる。

2 フライパンを中火にかけ、油はひかずに1の鶏もも肉を皮目から入れ、ふたをして両面を焼き、火を通す。

3 ししとう、みりん、薄口しょうゆを加え、ふたをせずに煮詰めていく。鶏肉は冷めてから食べやすい大きさに切り、器に盛る。

---

## 桜のおこわ

**材料（作りやすい分量）**

桜の花の塩漬け …… 9個

もち米 …… 1合

**作り方**

1 桜の花の塩漬けは、ボウルに入れた水でサッと塩を洗い落とし、水を替えてもう一度洗い、キッチンペーパーで水気を取る（2度目のボウルの水は取っておく）。

2 もち米は洗ってざるにあげ、炊飯器に入れて、1で取っておいたボウルの水を加え、足りない分は水を足して炊飯器のおこわの分量の目盛りに合わせて3時間おき、おこわモードで炊く。

3 おにぎり型（幕の内用）を濡らして1の桜の花を並べ入れ、2のおこわを入れて型抜きをする。型がなければ俵形に握り、桜の花をあしらう。

メモ

桜の花の塩漬けの塩を使って味をつけていますので、加減を見ながら塩気を調節してください。

## ほうれん草としいたけのおひたし

**材料(2人分)**

ほうれん草 …… 1株
　(※1束ではない)
しいたけ …… 1枚
ひたし地
　だし …… 3mℓ
　薄口しょうゆ …… 小さじ1

**作り方**

1 ほうれん草は熱湯でゆでて水に取り、2cmの長さに切って水気を絞る。同じお湯で、しいたけをゆでて、食べやすく切る。
2 ひたし地を合わせ、1のほうれん草としいたけを入れて浸け、10分間おく。

## お花見弁当

ひと口サイズで食べやすく、お花を見ながら楽しめます。

# たいの笹ずし

包みを開いたときのサプライズ！
笹の香りもご馳走です。

**材料**

たいの薄造り …… 好みの分量
昆布茶 …… 適量
すし飯（p.79参照）…… 好みの分量
木の芽 …… 適量
しょうがの甘酢漬け …… 適量
笹 …… 適量

**作り方**

1 たいの薄造りに昆布茶をふり、10分ほどおく。
2 すし飯は俵形のおむすびにして木の芽をのせ、さらに1のたいをのせて軽く握る。
3 笹で2を包み、器に盛り、しょうがの甘酢漬けを添える。

メモ 笹は製菓材料屋さんで手に入ります。乾燥したものは熱湯で軽くゆでて色を出し、色止めに水に浸けて冷ましてから濡れたキッチンペーパーで包んでラップをしておけば、2〜3日は持ちます。冷凍も可です。

## たいずしを笹で包む

1 笹の中央に、たいずしをのせる。

2 笹を右からかぶせる。

3 左に1回転させる。

4 笹の軸を葉の隙間に通す。

# さばずし

巻きすで形を整えると、簡単に美しくまとまります。

**材料（1本分）**

生さば※ …… 半身
塩 …… 大さじ2
米酢 …… 100mℓ
木の芽 …… 10枚
すし飯（p.79参照）…… 適量

※新鮮なさばを三枚におろします（p.38参照）。

**作り方**

1 生さばは、両面に白くなるほどたっぷりと塩をふり、冷蔵庫で5～6時間おく。水で塩をサッと洗い、キッチンペーパーで水気をふき取る。腹骨をすき、小骨を抜いて保存袋に入れ、米酢に5分間漬けて酢から出し、皮を下にして冷蔵庫で8時間ほどおく。
2 さばは頭のほうから皮をひく。巻きすの上にラップを敷き、さばの皮目を下にして置き、木の芽をのせて、すし飯をのせる。
3 ラップをひっぱりながら、すし飯とさばを締めるように巻きすで形を整え、巻きすごと輪ゴムでくくって半日以上涼しいところに置く。巻きすとラップをはずし、皮目に細かく切り目を入れて切り分け、器に盛る。

＊京の味

**祝いずしの定番！ 楽しい思い出の味**

昔は、日本海から京へ魚介を運ぶ「鯖街道」というものがあったそうです。いまでも市内には「さばずし」の名店が数多くあり、お祝いごとには、さばずしは欠かせません。さばの締め加減を調整できるのは、自家製ならではですよ。

# 白みそ雑煮

白みそと丸もちで、
上品でやさしい、京風の味わいに。

**材料（2人分）**

里いも …… 2個（100g）
大根 …… 厚さ2㎝（100g）
昆布おだし（p.9参照）…… 300mℓ
白みそ …… 100g
白丸もち …… 4個
糸かつお …… 適量

**作り方**

1　里いもは六方に皮をむき（p.16参照）、5㎜幅に切る。大根は皮をむき（p.16参照）、5㎜幅のいちょう切りにする。どちらも下ゆでする。

2　鍋に白みそを入れ、昆布おだしを少しずつ加えながら、白みそをよく溶く。もちと1の里いもと大根を加えて中火にかけ、沸いたら火を弱めて5分間ゆらゆらと煮る。火を止め、ふたをして5分間おき、余熱でもちを芯まで柔らかくする。

3　器にもちを入れ、2の汁をもう一度温めて加え、2の根菜と糸かつおをのせる。

＊京の味

**お正月だけでは、もったいない！**

京の雑煮といえば「白みそ＋丸もち」です。もちは焼かずに、煮込んで柔らかくします。私は雑煮には、必ず里いもを入れますね。白みその中に里いもがトロ〜リ溶けて、ホワイトソースのような感じに。米麹のほのかな甘みが、冬の寒さを忘れさせてくれます。

# 「三」の法則で美しく盛りつける

でき上がった料理は、「三」の法則を意識して盛ると、おいしそうに仕上がります。これが結構、食卓に並んだときに、大事なポイントなのです。

### 1. 「三」角形になるように盛る

おひたしなどの和え物は、三角形にうず高く盛ります。根菜などの煮物は、三種類を盛り合わせると落ち着きます。

### 2. 「三」割ほど余白を作る

小鉢でもお皿でも、盛りつけに余白を残すと、丁寧に盛った印象になり、料理も器も美しく見えます。

### 3. 「三」段階に分けて盛る

①土台を平らに盛る
②少し高く盛る
③上をとがらせるようにして盛る

料理は盛り方ひとつで、おいしさが変わります。せっかく手をかけて作った料理ですから、仕上げの盛る瞬間まで心を込めましょう。

# 第5章

# 京の「ごはんのおとも」

# しじみのしぐれ煮

ごはんにのせるだけでも、
お茶漬けの具にしても美味です。

**材料（作りやすい分量）**

しょうが …… $\frac{1}{2}$片（10g）

A

- 酒 …… 100mℓ
- 砂糖 …… 大さじ1
- 薄口しょうゆ …… 大さじ2

むきしじみ …… 200g

ごはん …… 適量

青じそ …… 適宜

**作り方**

1 小鍋にAと、千切りにしたしょうがを入れて火にかけ、沸いたらしじみを入れて混ぜ、煮汁がほぼなくなるまで煮詰める。

2 器にごはんを盛り、1のしじみをのせ、好みで青じその千切りをのせる。

＊京の味

**たくさん作って、お土産にも**

「しじみのしぐれ煮」と「ちりめん山椒《さんしょう》」は、京の佃煮の代表格です。市販のものもいろいろありますが、自分好みに作るのが楽しいですね。たくさん作ってしまったときは、可愛らしい容器に入れて、わが家にいらっしゃったお客さんへのお土産にすると、とても喜ばれます。

# あらめの炊いたん

あらめは「八のつく日」に食べる、おばんざいの定番です。

**材料（作りやすい分量）**

あらめ …… 15g
にんじん …… 40g
油揚げ …… 1/4枚（40g）
サラダ油 …… 大さじ1

A
- だし …… 100mℓ
- 砂糖 …… 大さじ1
- 濃口しょうゆ …… 大さじ2

グリーンピース水煮 …… 30g（正味）

**作り方**

1. あらめはたっぷりの水に20分間浸して戻し、つまんでざるにあげる。2〜3回水を替えて洗い、ざるにあげる。
2. にんじんは細切りにし、油揚げは1cm幅の短冊に切る。
3. 鍋にサラダ油を入れて中火にかけ、1のあらめと2のにんじんと油揚げを入れてサッと炒め、Aを加えて少し火を弱め、ふたを半分かぶせて5分ほど煮る。材料に火が通ったらふたを取り、ときどき混ぜながら煮汁がほぼなくなるまで煮る。
4. グリーンピースを加えて混ぜ、器に盛る。

メモ　あらめは、昆布の仲間。あらめをつまんでざるにあげるのは、戻した水の底に砂がたまっていることがあるからです。

# セロリの葉の佃煮

いままで泣く泣く捨てていたセロリの葉も、
こんなにおいしい常備菜に生まれ変わります。

**材料（作りやすい分量）**

セロリの葉 …… 80g
A
［酒、砂糖、薄口しょうゆ
　…… 各大さじ1
塩昆布 …… 大さじ1（5g）
炒り白ごま …… 大さじ1

**作り方**

1　小鍋にAを入れて沸かし、5㎜幅に切ったセロリの葉を加えて混ぜながら3〜5分煮詰める。
2　煮汁がほぼなくなったら火を止め、塩昆布と白ごまを加え、よく混ぜて器に盛る。

# 昆布の炊いたん

甘さ控えめのすっきりしたお味は、
自家製ならでは。

**材料（作りやすい分量）**

だし昆布（利尻）
……長さ30㎝を2枚ぐらい（50g）
米酢……大さじ2
干ししいたけ……2枚
酒……大さじ2
砂糖……大さじ3
濃口しょうゆ……100㎖

**作り方**

1　バットにだし昆布がかぶるくらいの水（適量/分量外）と米酢を入れて3時間おき、昆布を取り出して2.5㎝角に切る（戻し汁は捨てない）。

2　干ししいたけは水に浸けて冷蔵庫でゆっくり戻して（できれば丸1日）、いしづきを取り、1㎝幅に切る（戻し汁は取っておく）。

3　鍋に**1**の昆布と昆布の戻し汁、**2**のしいたけとしいたけの戻し汁をかぶるくらいまで入れて中火にかけ、沸いたら火を弱めて15分間煮る。

4　昆布が柔らかくなったら、酒、砂糖を加えて15分間煮る。濃口しょうゆを加え、ふたを斜めにずらして煮汁がすっかりなくなるまで、2時間ほどコトコトと煮て、器に盛る。

メモ　少し多めに作っておけば、冷蔵庫で3週間保存できます。

# ちりめん山椒

実山椒《みざんしょう》を入れて、京風の味わいに。
手作りすると、ひと味違うおいしさです。

**材料（作りやすい分量）**

ちりめんじゃこ …… 50g
酒 …… 小さじ1
濃口しょうゆ …… 大さじ2
下処理した実山椒※ …… 大さじ2
みりん …… 小さじ1/2

※冷凍したものを購入できます。

**作り方**

1 ちりめんじゃこは、ざるに入れて熱湯をまわしかけ、臭みやゴミを取り除く。

2 小鍋に水（大さじ4/分量外）、酒、1のちりめんじゃこを入れて中火にかける。ちりめんじゃこに水分を吸わせるようにし、水気がなくなるまで炒りつける。

3 濃口しょうゆ、実山椒を加えて炒りつけ、みりんを加えてさらに炒りつける。なるべく平らなざるにあげて広げ、汁気を飛ばし、器に盛る。

メモ 実山椒の下処理＝実山椒は洗って軸を取り、熱湯で7分ほどゆがいてざるにあげ、水に1時間ほど浸けるとアクが抜けます。冷凍すれば、1年間保存できます。

# 大根の辛子漬け

ピリッとした辛子を入れることで、大根の甘さが引き立ちます。

**材料（作りやすい分量）**

大根 …… 厚さ4㎝（200g）

辛子漬け液

- 塩 …… 8g
- 砂糖 …… 20g
- 米酢 …… 小さじ2
- 粉辛子 …… 小さじ1

**作り方**

1. 大根は皮をむき（p.16参照）、7㎜幅のいちょう切りにする。
2. 保存袋に辛子漬け液を入れ、辛子が溶けるまでもむ。1の大根を加え、汁が漏れないように保存袋ごと容器に入れ、冷蔵庫に入れる。ときどき表裏を返し、まんべんなく辛子漬け液が行き渡るようにする。一晩以上おき、器に盛る。

# たけのこのおかか煮

たけのこの水煮を使えば、
簡単で一年中、楽しむことができます。

**材料（作りやすい分量）**

たけのこの水煮 …… 1本（150g）
だし …… 50㎖
みりん、薄口しょうゆ …… 各大さじ1
削りぶし …… 5g
木の芽 …… 適宜

**作り方**

1 たけのこの水煮は、1㎝幅のくし形切りにする。

2 小鍋に**1**のたけのこ、だし、みりん、薄口しょうゆを入れ、中火にかける。沸いたら火を弱めてふたをし、煮汁がほぼなくなるまで煮詰める。

3 削りぶしを電子レンジ（1000W）で30秒間温め、もみほぐしてパラパラにしたものを**2**のたけのこにまぶす。食べる直前に、好みで木の芽を添える。

＊京の味

**たけのこは鮮度が命**

京都はたけのこの名産地。洛西の塚原産が色白で甘みもあって、おいしいといわれています。もちろん、朝掘りをすぐにゆがくのが一番いいですが、最近は京都産のおいしい水煮もありますので、そんなものを使っていただくのもよいと思います。

# 「あしらい」で料理を引き立てる

盛りつけを、さらにグレードアップさせるのが、あしらいです。さり気なく主役を引き立てる、名脇役のようなものですね。特に旬のあしらいは、京都人の遊び心をくすぐります。

**青じそ**……鮮やかな緑が、料理を引き立てます。

**みつば**……ゆでたり、生のまま飾ったりします。

**みょうが**……千切りにし、大根や青じそと合わせたりします。

**すだち**……ヨコ半分に切り、ようじで種を取ると、使いやすいです。

**スプラウト**…煮物などに添えると、彩りになります。

**実山椒《みざんしょう》**……下処理して冷凍しておけば、一年中使えます（P.96参照）。

**木の芽**……小さい葉をバラバラにして散らせば、料理が可愛く仕上がります。

**ぶぶあられ**…お茶漬けなどにパッと入れると、香ばしくなります。

あしらいは、見栄えをよくするだけではなく、風味や食感もプラスするので、料理が格段においしくなります。魔法の杖を、ひとふりするような感じです。

第6章

# 京の「お酒のおとも」

# とい湯葉の素揚げ

カリッとおせんべい感覚で、
止まらないおいしさです。

**材料**

とい湯葉 …… 好みの量
サラダ油 …… 適量
焼き塩 …… 少々

**作り方**

1 とい湯葉は、170℃のサラダ油でサッと揚げる。
2 仕上げに焼き塩をまぶし、器に盛る。

メモ 形が「樋《とい》」に似ていることから、「とい湯葉」と呼ばれています。

＊京の味

### 生湯葉と乾燥湯葉を、使いこなす

精進料理やおばんざいによく使われる「湯葉」は、京都を観光される方にとって、食事やお土産としてもとても人気がある食材です。湯葉には、さまざまな種類があります。生のものは、生湯葉、たぐり湯葉、くみ上げ湯葉などがあり、乾燥したものは、切小巻湯葉、平湯葉、とい湯葉などが有名です。乾燥したものは、長期保存ができるので便利で、栄養価も変わりません。湯葉そのものは淡白な味わいで、いろいろな料理に幅広く使うことができる万能食材です。湯葉をうまく使いこなせるようになれば、京の一流の料理人（?）でしょうか。

# へしこおろし

旨みが凝縮された、通好みの味。
焼きすぎないことがポイントです。

**材料**

へしこ …… 好みの量
大根おろし …… 適量

**作り方**

1 へしこは、食べる分だけ切り分ける。
2 1のへしこを魚焼きグリルで、こんがり焼く。
3 器に盛り、大根おろしを添える。

メモ へしことは、さばを塩漬けにした後、長期間ぬか漬けにし、熟成させたものです。

# ミモレット大根

からすみの代わりにミモレットを。
松葉の焼き目をつけました。

**材料**

大根 …… 好みの量
ミモレット（チーズ）…… 好みの量

**作り方**

1 大根は皮をむいて（p.16参照）5㎜幅に切り、さらに5㎝角に切る。ミモレットは、大根の大きさに合わせて切る。

2 直火で温めた金ぐしで、1の大根に松葉の焼き目をつける。

3 2の大根でミモレットをはさみ、器に盛る。

# 生麩のバター焼き

生麩の一番おいしい食べ方だと、自負しています。

**材料（2人分）**

栗麩、よもぎ麩 …… 各4㎝
小麦粉 …… 少々
バター …… 10g
塩 …… 少々

**作り方**

1 栗麩とよもぎ麩は1㎝幅に切り、小麦粉を薄くつける。
2 フライパンを弱火にかけ、バターを入れて溶かす。1の栗麩とよもぎ麩を並べ入れ、両面を色よく焼いて塩をふり、器に盛る。

メモ 強火で焼くとこげやすく、ふくらんで見た目が悪くなるので、弱火で焼いてください。

＊京の味

**焼き麩と生麩を、はんなり楽しむ**

京の三大伝統食材として「豆腐」「湯葉」「麩」があげられます。京料理には欠かせないもので、うちごはんの食卓にもよく並びますね。焼き麩は、棒麩、丁子麩、白玉麩などが代表的なものです。お吸い物に入れたり、煮物にしたりしています。生麩は、よもぎ、栗、黒ごまなどを練り込んだものや、お祝いの料理で使われる季節の細工ものなどもあります。もっちりした独特な食感が魅力ですね。炊いたり、焼いたり、揚げたりして使います。生麩は冷凍もできるので、いざというときのお助け食材として常備しています。

# ピリ辛こんにゃく

こんにゃくの表面を焼きつけると、独特の食感が生まれます。

**材料（2人分）**

板こんにゃく（黒）…… 1枚（250g）
ごま油 …… 大さじ1/2
みりんじょうゆ（照り焼きだれ）…… 大さじ3 ※p.11参照
粉とうがらし …… 適量

**作り方**

1 こんにゃくは表面に細かく切り目を入れ、2cm角に切り、熱湯で2分間ゆでてざるにあげる。
2 フライパンを中火にかけてごま油をひき、1のこんにゃくの表面がチリチリするまで焼きつけ、みりんじょうゆを加えて煮汁がほぼなくなるまで煮詰める。
3 2を器に盛り、粉とうがらしをふる。

# ゆでじゃがドレッシング

ゆでたてのじゃがいもに、
特製ドレッシングをたっぷりかけて。

**材料（2人分）**

じゃがいも
……大1個（200g）
えんどう豆……3さや
塩……少々
砂糖……小さじ1/2

ドレッシング
- 塩……小さじ1
- 米酢……大さじ2
- みりん（電子レンジにかけて煮切る）……大さじ2
- サラダ油……大さじ2
- おろし玉ねぎ……大さじ2

**作り方**

1 じゃがいもは皮をむき、2㎝角に切る。えんどう豆は、さやから出し、薄皮をはぐ。

2 小鍋に1のじゃがいもを入れ、ひたひたの水（適量/分量外）と塩、砂糖を加え、ふたをして弱火にかける。沸いたら、1のえんどう豆を加え、じゃがいもが柔らかくなるまで煮る。

3 じゃがいもがほっくりと煮えたら、汁気をきって器に盛り、ドレッシングの材料を混ぜてかける。

# しば漬けチーズボール

チーズのコクと、しば漬けの香りが、とてもよく合います。

**材料**

しば漬け …… 適量
クリームチーズ …… 適量

**作り方**

1 しば漬けは、粗みじん切りにする。
2 ラップの上に1のしば漬けを少し広げてのせ、その上にクリームチーズをのせる。丸く絞り、ラップをはずして器に盛る。

＊京の味

### 大原の赤じそは日本一！

京を代表する漬け物に「千枚漬け」「すぐき」「しば漬け」があります。しば漬けは、夏野菜（赤じそ、なす、きゅうり、みょうが）がたっぷり入っていて、風味豊かな漬け物です。しば漬けに使われる赤じそは、大原で採れるものが日本一だそうです。私は、夏になると毎年、赤じそをたっぷり使った「しそジュース」を作っています。ちょっと話がそれましたが……。しば漬けは、京都の自然が生んだ、世界に誇れる漬け物だと思います。

京都しあわせ倶楽部

〈著者紹介〉

大原千鶴 (おおはら ちづる)

奥京都の料理旅館「美山荘」に、次女として生まれる。山川の自然の中で育ち、小学生のころから家業のまかないを任せられ、料理の腕を磨く。現在は京都市内に在住し、二男一女の母。料理研究家として、テレビや雑誌、講演会などで活躍している。京都人の感性を活かした、シンプルな家庭料理が人気で、美しい盛りつけにも定評がある。著書に『京都のごはん　よろしゅうおあがり』(文化出版局)、『家族が好きな和のおかず』(世界文化社)、『私の十八番レシピ帖〔定番もの〕』(文藝春秋)、『冷めてもおいしい和のおかず』(家の光協会) などがある。

ブログ「徒然ごはん」　http://c-foodlab.cocolog-nifty.com/

料理アシスタント　酒井智美

装幀　近江デザイン事務所
本文デザイン　大悟法 淳一、境田明子（ごぼうデザイン事務所）
撮影　高見尊裕
編集協力　雨宮敦子（Take One)

しあわせを味わう 京のうちごはん

2016年1月22日 第1版第1刷発行

著 者　大原千鶴
発行者　安藤 卓
発行所　株式会社PHP研究所
京都本部 〒601-8411 京都市南区西九条北ノ内町11
文芸教養出版部　☎075-681-5514(編集)
東京本部 〒135-8137 江東区豊洲5-6-52
普及一部　☎03-3520-9630(販売)
PHP INTERFACE　http://www.php.co.jp/
印刷所
製本所　図書印刷株式会社

©Chizuru Ohara 2016 Printed in Japan
ISBN978-4-569-82874-9

※本書の無断複製（コピー・スキャン・デジタル化等）は著作権法で認められた場合を除き、禁じられています。また、本書を代行業者等に依頼してスキャンやデジタル化することは、いかなる場合でも認められておりません。
※落丁・乱丁本の場合は弊社制作管理部（☎03-3520-9626）へご連絡下さい。送料弊社負担にてお取り替えいたします。

# 『京都しあわせ倶楽部』刊行にあたって

都が置かれる、はるか以前から、京の町には多くの人々が住み着き、平安京の時代は言うに及ばず、時代が下っても、天下人をはじめとして、多くの戦国武将たちが京都を目指した。

そして今。かつてないほど、多くの観光客が訪れ、更には京都に移り住む人たちも増える一方だ。

古今にわたって、内外から、人はなぜ京都に集まるのか。

世界遺産を筆頭に、広く知られた寺社があり、三大祭に代表される歳時があり、かてて加えて美味しいものがたくさんあるから。

だが決してそれだけで、人が京を目指すのではない。目には見えず、耳にも聞こえないが、京都には〈しあわせ〉という空気が満ち溢れている。それを肌で感じ取っているからこそ、多くの人々が京都に集い、そして誰もが笑顔を浮かべる。

しあわせの街京都へようこそ。

二〇一五年九月　『京都しあわせ倶楽部』編集主幹 柏井 壽（作家）